ZODE ANGE ABRAHAM

L'OMBRE DE LA SÉDUCTION

ZODE ANGE ABRAHAM

L'OMBRE DE LA SÉDUCTION

critiques aux femmes

Éditions Muse

Imprint

Cover image: www.ingimage.com

Publisher:
Éditions Muse
is a trademark of
Dodo Books Indian Ocean Ltd., member of the OmniScriptum S.R.L Publishing group
str. A.Russo 15, of. 61, Chisinau-2068, Republic of Moldova Europe
Printed at: see last page
ISBN: 978-620-3-86665-0

L'OMBRE DE LA SEDUCTION:

CRITIQUES AUX FEMMES

PREFACE

L'enjeu de ce livre est d'interpeller la société en générale, et Particulièrement d'éveiller la conscience des jeunes sur le milieu de la séduction en exposant son mystère, ses rudiments, fardeaux et risques pratiques .Mieux, il s'agit de désinviter la jeunesse à y participer. Entre-temps que l'humanité se mette à la quête de Dieu, Créateur De l'univers, car les jours sont mauvais. Par Ricochet, j'invite tout lecteur à faire de la réussite sa priorité. En d'autres termes n'oubliez pas de vue les choses nécessaires c'est-à-dire indispensables tout en ayant la crainte de Dieu.

GENERALITE A LA SEDUCTION FEMININE

Des chercheurs ou encore des coaches en séduction soutiennent que les femmes demandent à priori le contraire de ce qu'elles prétendent vouloir. En effet l'on doit retenir qu'autant que les femmes quémandent l'attention ou de l'affection, il convient pour l'homme d'équilibrer l'estime recherchée par celles-ci. Ne dit-on pas que tout excès tue! En fait, les femmes sont à la conquête des hommes «Alpha» en qui elles pourraient se confier. En d'autres termes, elles requièrent une masculinité responsable et surtout ayant un contrôle émotionnel. Toutefois, il nous incombe de retenir que la femme demeure une observatrice et analytique le long d'une relation amoureuse. Et cela, dans la mesure où la bien-aimé ne s'investit pas si tôt alors que l'homme, lui est à bout d'essoufflement, pourtant le jeu de la séduction implique la patience. Voyons nous le nombre de fois de près ou de loin et même dans notre entourage, l'absence de Contrôle émotionnel des hommes !c'est pourquoi la plume soutient que « la femme est un esprit double » .Cette maxime comblée de connotation esthétique mérite d'être décortiquée. A vrai dire, l'on doit retenir que ladite sentence insinue que la femme est principalement patiente, agissant au compte de ses données instinctives tant qu'il y va de son intérêt. Mieux, elle demeure génitrice des milliers d'année durant,

c'est pourquoi la plume vous incite à être intérieurement en harmonie avec elle, pas que cela à tout prix, mais retenez que

La femme est la faiblesse de l'homme. Car, l'on observe les sages, les rois et parfois des devins succombés à la science féminine et donc prenez y garde…Ainsi, revenant à la séduction, il importe tout de même de souligner que chercher l'amour avec une réciprocité de sentiments, c'est partir à la conquête d'un trésor au cœur d'un royaume interdit. En vérité, l'écriture fut émue d'en connaitre que s'il n'y a pas d'intérêt, trouver l'amour d'une femme au sens de la séduction, c'est participer à un festin de Lucullus extirpé de saveur, car seul Dieu peut nous aimer autant que nous l'aimions.

INTRODUCTION

L'être humain doit son existence à Dieu, le créateur de l'univers.

C'est pourquoi, pour ma part, seul Dieu à la sagesse par excellence pour dévoiler la complexité de la nature humaine, notamment en ce qui concerne les émotions et surtout nos pensées les plus intimes. Cependant, vu que la jeunesse est essentiellement en conflit d'avec Dieu, du fait de s'être si tôt intéressée à la séduction. D'où Dieu

nous observe, et cela est bien évidemment logique, puisque, la jeunesse a créé une hostilité d'avec «le très saint».Ainsi, étant donné que la séduction influence négativement la jeunesse, il urge d'en parler tout en relevant les techniques et risques du dit milieu. Néanmoins, il convient de souligner que la séduction est incluse dans l'amour. En effet, la séduction est le charme qui conduit tout simplement à l'amour .Et pourtant, l'amour est le sentiment né dudit charme. Par ailleurs, revenant à la séduction qui tricote de nos jours la jeunesse il y a lieu de souligner qu'en matière de séduction la femme n'est pas toujours cette lumière qui éclaire les étoiles dans un périmètre de volcan scintillant dans une nuée de bon sens. De ce fait, l'œuvre à nous soumis mettra en exergue à priori la dynamique de l'être féminine au sens de la séduction. Car, il s'agit en l'espèce d'un être multidimensionnel et très rusé. Pas que cela absolument, mais il en est ainsi dans bien de cas. A cet effet, la plume s'efforcera de parler de la séduction féminine, tout en envisageant de mettre en exergue les critères de la séduction

(Chapitre 1), les différents types de femmes en

Séduction (chapitre 2), les charges de la séduction (chapitre 3), les risques de la séduction (chapitre 4), ainsi que les remèdes pour éviter la séduction (paragraphe 5).

PARAGRAPHE 1: LES CRITERES DE LA SEDUCTION FEMININE

L'humanité ou du moins les rapports entre les hommes ont toujours été fait d'échanges. Lesquels échanges étaient directs et proportionnés. A vrai dire, sans vouloir vous mettre dans un désarroi, il en est ainsi en séduction. Car Parfois, l'amour se doit de survoler les sentiments dans la mesure où il requiert le savoir vivre ainsi que le partage. D'où, pour que l'amour perdure, il faut nécessairement les moyens financiers(A) y compris l'abri et l'entretien(B).

A-LES MOYENS FINANCIERS

Les hommes, il juste et concevable de considérer que l'argent est un trésor en séduction mais, l'argent à lui seul ne peut suffire. Et donc, que le fait d'avoir le tissu financier ne soit pas pour vous une formule absolue pour séduire. Car, il y a des femmes qui n'en ont pas besoin. Pas que cela forcement, puisqu'en séduction peu importe le degré d'attention ou d'estime qu'une dulcinée éprouve, elle a toute fois besoin de la sécurité et du confort financier. J'en passe...

Loin de la plume, l'idée qu'il ne peut avoir de relation sans moyens financiers, mais possible d'affirmer que l'argent contribue à l'entretien de l'amour. Malheureusement bon nombre néglige ce critère, pourtant, il est le« disque dur» d'une relation amoureuse. Les femmes savent ce dont il est question, Eh oui, elles aspirent au luxe...et par là même en ont horreur de la pauvreté. C'est pourquoi un homme doit lutter pour être le prix et non le produit, de peur que la séduction soit entachée de vice à long terme ; puisqu'en séduction « la question fondamentale à poser n'est pas de savoir si tel ou telle m'aime mais plutôt d'examiner jusqu'a quand la relation va subsister. Ah les femmes! On essaye de vous comprendre sans appréciation et donc souffrez de voir l'écriture mettre en lumière vos tares. En fait, les femmes de notre ère conditionnent graduellement leurs sentiments à l'argent et cela a presque pris de l'ampleur dans le continent noir...

Par ailleurs, l'utilité des moyens financiers serait mieux saisi si l'on envisage maintenant, d'exposer les différentes types de relations dont l'une dénommée relation rapprochée(1) et l'autre dite relation sous couvert(2).

1-La relation rapprochée

Il s'agit ici d'une relation dans laquelle, l'on vit sur le même toit d'avec la bien-aimée. Autrement dit, ladite union est connue de la puissance paternelle de la dulcinée .Ce qui sous entend que la protection économique de l'être convoitée est votre gage. A vrai dire, quand il en est ainsi, il y a bien évidement nécessité d'argent pour compenser d'éventuels dépenses en cas de calamités, de dommages inopinés et surtout pour le besoin quotidien du couple.

Cependant, l'on perçoit également une autre catégorie relationnelle en séduction dite relation sous couvert(2).

2-La relation sous couvert

La relation mise à nu ici, est celle dans laquelle la jeune demoiselle vit aux dépens de la tutelle ou des géniteurs pendant qu'elle entretienne Un attachement émotionnel avec une tierce personne. En d'autres termes, la relation sous couvert s'entend de celle où l'être aimé est déjà épanoui financièrement ou du moins reçoit de l'aide Parentale opportune. Par ailleurs, notons que la seconde est prohibée par les préceptes divins...Il est certes beau et bénéfique de savoir ces portions de rudiments de la séduction, mais l'écriture dit ceci «Ne faites pas d'une femme votre priorité». En effet, parlant de la séduction, aspirer à l'amour d'une femme est un mal nécessaire. Mal, car lorsqu'on s'y presse on oublie l'essentiel, nécessaire parce que l'amour de la femme console et en est surtout magique. Ainsi, sans vouloir méconnaitre la place de l'argent dans notre société, voire en séduction, il serait judicieux de souligner que l'argent n'est pas l'unique critère de la séduction. Aussi a-t-on l'abri et l'entretien(B).

B-L'Abri et l'entretien

La compréhension de ce chapeau incombe d'expliciter chacun des termes à savoir l'abri d'un côté(1)et de l'autre l'entretien(2).

1-L'Abri

L'abri est sans équivoque, essentielle pour le bien être d'une relation amoureuse. En fait, un abri n'est rien d'autre qu'un lieu protecteur des intempéries ou du danger. Ce qu'il faut savoir est que l'attraction sentimentale ne naît pas du néant, il existe un intérêt qui le fait survenir .Ce qui sous entend que les femmes cherchent un abri ou une certitude avant d'affectionner un prétendant. C'est pourquoi certaines filles ou femmes sont séduites en un jour, par contre d'autres sont ravies dans un laps de temps allant jusqu'à deux ans ou un maximum indéterminé. D'où, il convient de reconnaitre que l'attachement d'une femme est sujet du potentiel de l'amoureux. Pas que cela à tout prix, malheureusement, c'est ce que nous révèle la réalité dans bien de cas. En fait l'expression« abri» demeure polysémique ,car il pourrait signifier au sens large et surtout dans notre cadre;

une maison ,le savoir, la sagesse, des relations de travail etc. En un mot un patrimoine incessible ou cessible. Loin de la plume, l'idée d'évoquer l'orgueil de la femme, mais retenons que les femmes aspirent être indépendantes, maitres de leurs activités, eh oui ! c'est l'essence féminine…De plus pour rendre ce critère solide, il faut le lier avec l'entretien(2).

2-L'entretien

L'entretien en séduction, c'est fait preuve d'empathie, de partage, voire de s'occuper de la bien-aimé. En effet un abri sans entretien est vide de sens. Ainsi, par entretien l'on doit retenir, qu'il s'agisse de mettre la dulcinée dans des conditions adéquates .Car, fort est de constater qu'une femme ou du moins une fille puisse résister au charme d'un homme ayant les moyens financiers, un abri y compris l'entretien. Néanmoins, l'écriture vous dit ceci: « Ne vous focalisez pas sur une femme qui ne dévoile pas ses forts intérieurs, c'est de l'obsession, voire une folie émotionnelle et cela y va de votre dignité ».Ce faisant, ces dits critères énoncés ne sont pas des formules magiques, car, ils pourraient faire échecs dans la mesure
Où ils existent plusieurs types de femme en société.

Chapitre 2:LES DIFFERENTES TYPES DE FEMME EN SOCIETE.

La femme est tout d'abord un être de sexe féminin. Etendons par être, ici l'être humain. En effet, l'expression femme regroupe les filles, fillettes et les femmes enfants. En tant qu'être délicat, c'est– à dire fragile, l'objectif de la plume n'est forcément de la fustiger, car elle a toute fois besoin d'affection…

Ainsi, revenant aux différents types de femmes en société, l'on observe de nos jours des femmes enjôlées (A) ainsi que les femmes émotionnelles et sans émotion(B).

A-LES FEMMES ENJOLEES

Les femmes enjôlées sont celles qui s'engagent dans une séduction par des paroles et manœuvres flatteuses à l'endroit du prétendant. En d'autres termes, il s'agit des femmes qui tentent de plaire à un tiers, généralement pour obtenir quelque chose en retour .Ces dites filles se caractérisent non seulement par leurs attitudes(1)mais aussi et surtout par leurs engagements émotionnels(2).

1-L'attitude des femmes enjôlées

Dit-on qu'elles sont enjôlées, car, elles donnent l'impression d'être attirés alors qu'elles ne le sont pas au fond. A la vérité, elles profitent des sentiments que pourrait avoir tel ou telle pour elles, et de là, tricotent les sentiments des hommes. En fait, pour celles-ci, se faire aimer est d'être désiré tout en se faisant courir tous les hommes après-soi sans ressentir un fort sentiment d'attirance. Mieux, pour elles, c'est d'obtenir ce que l'on veut et s'en, aller…De plus, il importe de noter qu'il s'agisse des femmes qui vivent des relations sans sincérité et attachement. Et cela dans la mesure où elles ne tardent pas à remettre en cause leurs affections sans motifs vraisemblables et logiques. Que la Plume soit exonérée pour critique cette fois, car à vrai dire, il y a des Femmes qui vivent des relations juste pour l'intérêt et rien de plus, d'où l'expression commune «femme profiteuse».Quelle amertume! Les hommes, quoiqu'il s'agisse de la séduction, de l'amour et de l'amitié, que la sagesse écoute; lorsque les femmes veulent mal faire, elles le font toute leur vie sans que le martyrisé les ait fait subir un préjudice, c'est tout simplement de l'orgueil et du chagrin sans motif contre un être humain .Ah les femmes! Dieu vous aime

Apprenez tout de même à avoir un cœur qui le craint…Partant de ce qui précède, l'on doute qu'elles eussent un engagement émotionnel, néanmoins n'empêche de s'y prononcer avec habilité.

2-L'engagement douteux des femmes enjôlées

Envisager, l'étude de l'engagement des femmes enjôlées dans ce dit chapeau n'est pas synonyme de dire qu'elles s'engagent ou du moins qu'elles ne s'engagent pas. Ici, l'idée est de dévoiler qu'elles font croire un engagement par des attitudes difficiles à déchiffrer. En vérité , elles ont des stratégies expérimentales leur permettant d'amadouer celui qui les estime. Pire, retenons que leurs engagements ne sont rien d'autres que la pérennisation de leurs engagements jusqu'à l'obtention de leur enjeu. Et par la suite c'est «Game over».Pourtant, l'engagement en amour se veut demeurer pour une durée indéterminée et non déterminée au sens du dictionnaire, c'est ici la logique de la séduction qui reste rare au quotidien. C'est pourquoi en séduction, il faut prévoir l'imprévu. Par ailleurs, l'on observe des femmes dites émotionnelles et sans émotions(B).

B-LES FEMMES EMOTIONNELLES ET SANS EMOTIONS

Il est question dans notre cadre d'étude des femmes qui expriment sincèrement leurs forts intérieurs ainsi que celles qui envisagent tronquer les leurs. Vu, la différence entre ces deux catégories de femmes, il nous incombe devoir d'un côté les femmes émotionnelles(1)et de l'autre, celles sans émotions(2).

1-Les Femmes émotionnelles

Les femmes émotionnelles sont celles qui à la différence, de celles énoncés ci-dessus , dévoilent leurs sentiments, tant verbalement, gestuellement, tant par des actions et autres. De toute façon elles en communiquent directement ou indirectement leurs sentiments. Toutefois, il convient de rappeler qu'elles s'ouvrent avec réserve, d'où il importe de noter qu'elles gardent leur nature féminine tout en restant souventes fois des pages blanches...Entendons par

Femmes émotionnelles, toutes les femmes qui ont des émotions vives, celles qui extériorisent leurs affections et en veulent réciproquement se sentir dorloter avec des parles doucereuses, des paroles d'une planète des mots émotionnels, des paroles telles; je cueillerais un jour nouveau pour toujours entendre l'hymne de ton sourire dans l'aube docile de mon âme, qui tutoie les ombres de ta peau, et je marcherai dans ton regard afin d'en extraire la couleur encre de tes yeux dans la fraicheur du soleil qui descend dans la nuit chaleureuse...Souffrez de lire la poésie, c'est l'écriture qui en ai excédé...Malgré bon nombre de préjugé que l'on pourrait entendre sur la mise en œuvre de la dite séduction, il est tout de même utile de savoir tout ceci afin de s'accaparer d'un minimum de la dynamique féminine émotionnelle .Cependant, à côté de celles-ci, il ya également des femmes sans émotions(2).

2-Les femmes sans émotions

Les femmes sans émotions sont celles comme leur nom l'indique, qui n'ont plus l'enthousiasme de faire naître en elles des sentiments ou l'envie de ressentir une quelconque affection du fait que leurs affections ont été soit trahis ,soit corrigées...A la vérité, le caractère sans émotions n'est pas exclusivement reconnu aux femmes, car les hommes, bien également en sont concernés. Cependant, celui de la femme est très maladroit. Pour s'en convaincre ces dites femmes traitent les hommes « d'imbéciles »ou de « coureurs de jupon »; comme si la réciproque se démarque. Qu'est-ce à dire alors? Ont- elles raisons? Fâcheusement, c'est immature, enfantin, voire inhumain d'avoir de tels propos .Et donc, le faisant, elles

Deviennent des<<robots>>féminins. C'est en cela que la plume se permet d'en réconforter comme suit; femme d'Afrique ancestrale, femme du beau tam-tam,

femme du continent noir et blanc, femme du

Continent des fiers guerriers soyez consolées. Encore une fois de plus, biches célestes sachez que vous êtes la lumière, et la motivation des hommes. Sachez que c'est parce qu'il y a une femme qu'on parle de fils et la sainte bible ledit si fort indirectement en ces termes « voici, la vierge sera enceinte, elle enfantera un fils, et on
lui donnera le nom d'Emmanuel, ce qui signifie que Dieu est avec nous ». (MATHIEU1V23) heureux ce qui ont compris que la femme peut procréer sans l'homme lorsque Dieu consent, et donc biches célestes soyez aimables et positives et ne faites pas d'une relation amoureuse votre priorité. Bien-aimées l'échec est naturel mais
Qu'il ne soit pas votre quotidien .En effet, échouer maintes fois avec des hommes, pourtant ceux-ci,vous mettent dans la pleine certitude et par la suite toute est foutue en l'air, nécessite aussitôt que vous vous remettiez en cause. En vérité, il serait judicieux que ses femmes sans émotions acceptent qu'il ya des déceptions amoureuse engendrées par elles-mêmes d'un côté et de l'autre des déceptions dues aux partenaires.

a- Les femmes sans émotions, sujettes de leurs déceptions amoureuses.

Dire qu'elles sont sujettes de leurs déceptions amoureuses signifie que la rupture subite par celle-ci est de leur faute. C'est-à-dire leurs réactions, comportement, langage corporel, en un mot leur savoir-faire. Hélas! Dans la plupart des cas, elles refusent d'en reconnaitre. En fait, ce que nous ignorons, est que ces dites femmes s'engagent dans des relations sans réserves, sans analyses et surtout sans prendre un laps de temps pour apprécier le prétendant, et si cela a été fait, du moins, elles le prennent pour acquis et oublient consciemment de conserver leur attraction. Le savez-vous ?
Pourquoi? Tout simplement, parce qu'elles prétendent connaitre

tous les hommes et pourtant elles manquent de sagesse avec sobriété. Pire encore, bien qu'elles savent ou du moins soupçonnent que le partenaire vise uniquement l'intimité corporelle, elles s'entêtent et s'y engagent Comme des« DALTON, tout en rejetant des nobles conseils reçus au préalable, pour vaquer au spectacle des «Lucky Luke».Parfois, ces femmes sans émotions sont celles ayant volontairement refoulées celui d'avec lequel il y a des sentiments réciproquement avérés. C'est pourquoi la plume dit ceci « celui ou celle qui emprunte le chemin de je m'en fou, se retrouve dans la contré de « si je savais ». Hélas! Malgré cela, celles-ci parlent de déception amoureuse, c'est plutôt de la rancune et surtout un prétexte. De ce fait, les femmes se retrouvant dans une telle situation, l'écriture vous quémande de bel et bien vouloir vous ressaisir...Toutefois, il existe de bon nombre de cas des déceptions amoureuses dues aux hommes(2).

b- Les femmes sans émotions, objet de leurs déceptions

Il s'agit ici, des femmes dont leurs déceptions amoureuses relèvent de la faute du partenaire. A la vérité, l'espèce est une réalité frustrante et désarçonnant. A vous les hommes soyez responsable et non irresponsable...A vous les femmes, clémence, soyez indulgente, car il n'ya pas de séduction sans femme et vice versa. Certainement, vous avez orienté vos sentiments vers la personne ou le partenaire qui ne se projette pas d'avec vous. Car tous sommes des hommes, mais, n'avons pas les mêmes idées, idéologies, objectifs, le même passé et surtout le même quotient émotionnel. Autrement dit chaque être homme est particulier de même que chaque femme est spéciale...C'est pourquoi chers mesdames l'écriture dit ceci « L'hypothèse selon laquelle tous les hommes sont les même n'est pas absolue... »

Par ailleurs, évitez la haine, la rancune, en un mot la vengeance émotionnelle c'est de l'agressivité, mais apprenez plutôt à pardonner…de grâce éviter les tests émotionnels futiles et incohérents .De peur de perdre l'homme de vos rêves qui frappe à la porte de votre cœur. En vérité, en vérité la vraie beauté d'une femme c'est d'avoir des progénitures, être en couple et par la suite se fiancer ou se marier, hormis les femmes stériles ou dans l'impossibilité de procréer suite à un aléa ou un évènement quelconque indépendant de leur gré.

A la lumière de tout ce qui précède, chers jeunes ainsi qu'adultes, retenons qu'il est rude de trouver l'amour dans les rues, dans les cabarets sans en subir tant de réactions inopinées, d'où il importe que nous soyons sages et forts tout en contrôlant nos pulsions, afin d'opter pour le/la vertueux (se) qui a la crainte de l'Eternel. Cependant, notons que ; de même qu'il est pratiquement impossible d'avoir une société sans¨ Droit¨ et inversement, comme le traduit l'adage latine « Ubi societas ibi jus », il en demeure pareillement, voire intransigeant de se prononcer sur la séduction sans envisager de ne pas faire mention de ses charges et risques. De ce fait l'on étalera les charges de la séduction(3) avant d'exposer ses risques (chapitre 4).

CHAPITRE 3 : LES CHARGES DE LA SEDUCTION

L'expression charge à un sens polysémique, et donc il sera appréhendé ici sous l'angle de fardeau ou faix que porte un être pensant en séduction. En effet, dans notre cadre, les charges ne sont rien d'autres que les apports en nature ou liquidité mise à la disposition de la potentielle dulcinée.

Ainsi, pour mieux dévoiler l'équivoque qui rend complexe ce nominal, l'on s'efforcera de mettre en lumière les charges en nature(I) et les charges nécessitant essentiellement la liquidité(II).

I- LES CHARGES EN NATURE DE LA SEDUCTION

Dire que la séduction soumet un fardeau à ses acteurs renvoie tout simplement à évoquer l'effort morale(A) et physique (B) qu'expriment consciemment ou inconsciemment bon nombre de séducteurs.

A-L'EFFORT MORALE EN SEDUCTION

Avant tout propos la plume voudrait rappeler que la séduction en Afrique est non seulement rude mais n'a pas de logique et non de règles, d'où la plume entend affermir ceux qui tentent de s'aventurer de façons inopportunes de s'y astreindre. Car, il ya des charges dans ce jeu émotionnelle. Pour dire simple, apprécions que la séduction nécessite des activités psychiques préalables, autrement dit l'acteur ou séducteur ne vit qu'un voyage de cogitation continuelle. C'est pourquoi l'écriture ne passe pas sous silence, tout en soutenant constamment que « La séduction dérobe la conscience, tout en faisant chavirer l'intelligence pour créer un royaume ou l'être idéal devient le prince », trouvez des synonymes…Voici l'écriture vous le répète, fournir de tels efforts pour séduire est un cauchemar car celle ci ne s'en rendre pas compte et même si elles en témoignent par la négative, et donc pourquoi rares sont les femmes qui aime construire ? C'est sans doute l'impatience, qu'elles argumentent elles-mêmes, j'en passe. Au- delà, l'autre aspect morale, c'est que la séduction met la femme inspirant une passion au centre de vos représentations psychiques. Que vous rendiez compte de ces perturbations, incommodités et essoufflement que démasquent les charges morales. En clair sachez que les fax que, jusqu'à la vous vous efforcez de ne pas saisir, sont tous les facteurs que vous cumulez à vos ambitions quotidiennes et pourtant le faisant votre mentale est tiraillée par deux rêveries à connotation et but inversé. En d'autres termes celui qui se ternira n'est nul d'autre que vous. A vrai dire, l'absence de répit psychologique sera le partage de votre substance incorporelle et immatérielle de façon permanente autant de fois qu'elle serait active, c'est a juste titre qu'il conviendrait d'apprendre à mettre en péril ou en mouvement son conscient pour la déesse des lieux sentimentales, bien que la nature et la pratique nous enseigne que l'homme doit combler le sexe féminin. Eh oui ! pourquoi ? Et pourquoi ? Sont les tonicités qui éliminent vote raisonné, mais tenez vous bien et prêtez en une oreille ... En fait, « les prestations en séduction sont généralement fait dans des conditions excluant la redevance, c'est pourquoi il vaut y prendre garde » autrement dit, les prestations de l'un ou l'autre partenaire en séduction sont des obligations purement naturels, sauf stipulation contraire ayant donné force normative à votre œuvre et manœuvre, juste pour ne citer que « le mariage ». Ne soyons pas scandalisez, les charges se poursuivent sur le corps, naturellement votre vigueur, et donc l'effort physique (B).

B-LES EFFORTS PHYSIQUES EN SEDUCTION

il s'agit des charges physiques, mieux des efforts ou énergies matériels que l'on oblige son corps à subir pour l'être aimé. Ainsi, un séducteur et non un prétendu charmeur devrait ressentir d'une façon quelconque son apport corporels en séduction. Eh oui ! L'avez-vous ignorez et pourtant, c'est ce qui est en séduction. Prenez y garde, vivre la séduction, c'est se sacrifier par deux fois, puisque vous allez marcher les yeux fixés sur vos pensées sans rien voir,ni entendre aucun secours et c'est pendant ces terribles moments d'agonies déjà fourni que l'on dira rien n'est encore fait, quel choc ! Et donc même si l'on surpasse la capacité normal du corps, cela ne saurait palier aux charges de la séduction, c'est en cela que l'écriture estime que « séduire sans se construire, c'est se déconstruire ». Par ailleurs, à vous le sexe opposé, envisager ne serait- ce qu'un instant d'observation, et vous verrez que les hommes luttent jour et nuit pour votre cause, pourquoi alors, une fois accédé aux mets royaux, c'est un cauchemar pour les hommes ? Daignez y pensez… Aussi, présente – elle d'autre charge qui nécessitant la liquidité(II).

II- LES CHARGES DE LA SEDUCTION NECCESSITANT LA LIQUIDITE

l'expression liquidité, employé vise à faire allusion aux financements actifs du conquérant engendrés par la séduction, telles que les dépenses en périodes festives(A) et de détresse(B).

A-LES DEPENSES EN PERIODES FESTIVES

La séduction n'a pas prévu de restrictions pour des moments gaietés les plus mémorables tels (la fête de saint valentin, les fêtes d'anniversaires, la veille du nouvel an) etc. Et c'est plutôt là ou du moins en ces moments que la séduction sanctionne ? Eh bien, l'être aimé peu importe sa maturité souhaitera festoyer, donc sachez le, de peur de voir la séduction bâclée, , il ya lieu de chercher des voies et moyens pour obtenir « le nerf des guerres »Rendez vous compte de la pression, du poids ou l'épée sur l'être et une seule chose demeure en pareil circonstance, l'on doit s'efforcer d'en trouver , c'est pourquoi le cœur et l'œil qui méditent ses lignes doivent prendre compassion et informer la conscience de la corvée positive à risque que subit le corps afin de l'apprécier en amont avant de s'y intégrer . Avec transition aucune, prêtons un regard sur celles des périodes de détresse.

B-LES DEPENSES EN PERIODE DE DETRESSE

Il s'agira ici de révéler la pression sans empathie que subira le séducteur, car il question en l'espèce des moments très rancuniers et surprenants, encore l'homme se doit de chercher d'avantage, et nul d'autre que lui, puisqu'en séduction, il revient toujours au moteur d'un couple ou d'une union de faire ses prouesses, comme les donations, des prévisions selon la délicatesse engendrés par un quelconque événement sombre ou un sinistre . Eh oui ! c'est une charge parce que , même s'il n'y a pas, vous ne devez pas en manquer et donc pensez s'y, puisque les charges ne sont que le début du calvaire, et si vous en douter envisageons les risques de la séduction (chapitre4).

CHAPITRE 4 : LES RISQUES DE LA SEDUCTION

Etendons par risques de la séduction ici, des événements négatifs, voire périlleux assortis de la séduction. A la vérité, en guise de réitération, notons que l'on ne saurait s'aventurer dans la séduction sans en subir des périls quoiqu'ils soient immédiats(I) ou lointains(II). Toutefois, pour ce qui est des risques lointains, vu qu'elles ne peuvent être prévisible humainement et qu'elles sont une sorte de présomption simple, l'on s'efforcera de les écarter de justesse de peur d'en être en marge de la réalité, ou du moins se voire exclu du bénéfice de vérité. Ainsi donc, convenons de voir exclusivement les risques immédiats de la séduction(I).

I- LES RISQUES IMMEDIATS DE LA SEDUCTION

Il importe en l'espèce de souligner que les risques immédiats de la séduction ne sont pas spécifiques à un genre humain ; de peur qu'un s'en exonère. De ce fait, l'on mettra en exergue les risques immédiats de la séduction sur la femme(A) ainsi que ceux sur l'homme(B).

A-LES RISQUES IMMEDIATS DE LA SEDUCTION SUR LA FEMME

Les risques ou possibilités dangereuses que pourraient encourir la jeunesse féminine sont divers. Ce qui sous entend que la liste desdits périls a l'encontre du « sexe féminin » ne sauraient être exhaustives. Par que cela à tout prix, hélas ! Il en est ainsi le long de notre quotidien à perpétuité .Qu'est- à- dire alors ? Espérons l'attente d'un préjugé, s'il en existe...
Entre-temps, notre étude s'axera sur les périls de la séduction les plus pernicieux. Lesquels périls s'entendent d'un côté de l'accroissement du quotient

émotionnel(1) et de l'autre, l'engagement obsessionnel des femmes dans des relations amoureuses (2).

1-l'accroissement du quotient émotionnel

Ah ! Les femmes, DIEU vous aime, mais la cupidité et l'orgueil vous en dévorent ; c'est en cela que la plume s'efforce de vous interpeller, et donc ,que les linteaux de votre sagesse se mettent à ouïr inlassablement…

Ainsi, revenant à l'augmentation du quotient affectif subite temporaire volontaire ou involontaire souvent accompagné de manifestation physique provoquée par un sentiment intense de peur, de colère, de surprise etc.…il importe à vrai dire ,de clarifier que le quotient émotionnel de la séduction est hors classe, car la plume soutient qu' il s'agisse « d'un voyage de perpétuelles pensées et d'imaginations d'amour sans résolution apodictique ».C'est ici un risque auquel l'on ne devrait aucunement être assujettit. A la vérité, lorsqu'on s'y trouve ou du moins en subit, ni la malice, ni l'intelligence, ni la sagesse, ni l'idolâtrie, ne saurait nous y soustraire, excepté la faveur de DIEU, pennons y garde…En effet, lorsque le coefficient de l'émotion croit, il est assimilable a un barrage d'eau effondré, sans secours proportionné au torrent. Pour dire simple, les femmes dans les reines ou alentours des risques de la séduction, s'exposent dans des romances vaines, sans lendemain meilleur, pire, sans s'en apercevoir, elles aspirent au luxe, voire une ambition furtivement infructueuse, parce qu'elle aime vivre l'amour a leur profit. Diantre ! Les femmes aiment la séduction et l'amour, mais elles n'en savent pas en vivre, parce que refusant d'équilibrer l'amour ; tout en ne sachant, s'il en plaise au créateur, cette imperfection du sexe faible devenu une coutume, dorlotée par le sexe fort ; la plume se veut sermonner et par la suite conclure que l'amour humain ne saurait être équilibré dans la contexture de la séduction, j'en passe… Au-delà des critiques et conséquences indésirables subit par l'être féminin dès l'instant que surgisse ou nait la séduction, rappelons tout de même qu'une minorité s'y évade quand bien même que l'on y observe d'autres, les majoritaires qui s'y immergent du fait de leur turpitude ou du moins de leur faible moralité, mieux du fait ,de leur commission ou agissement et /ou abstention. Eh oui ! C'est ici l'image convalescente de l'accroissement du quotient émotionnel qui ne saurait passer sans mettre à nu des engagements obsessionnels infructueux chez les femmes en séduction(2).

2- l'engagement infructueux des femmes en séduction

Entendons par engagement infructueux, le faite pour celles-ci de prendre des résolutions ou attitudes et s'y infiltrés d'une manière opportune ou non dans la jungle de la séduction, laquelle est fondamentalement sans gain et nul bénéfique. C'est pourquoi l'écriture soutient que « la séduction est un festival sans festin, offrant des boissons composées d'une pluralité de substances dont certaines sont alcoolisées pour retenir ou du moins occuper ses convives ou intrus… » Prenez donc y gardes…Ainsi revenant à l'engament sans profit, comme risque en séduction, et surtout à l'endroit de la femme ; bien que la réciproque soit vraie, et vu la gravité ; il est donc inhérent d'apprécier tout d'abord les dommages de types corporels dont ces femmes font l'objet. En effet, certaines d'entre celles du sexe faible subissent un bon nombre de préjudice physique, et cela est dans bien de cas, une sorte de spirale discontinue leurs conduisant à une vieillesse prématurée, c'est-à-dire qui n'est pas apparue naturellement ou biologiquement. A l'opposé d'autres se retrouvent au gré de leur séduction sans cogitation avec des grosses non désirées ou des enfants adultérins, voire des soucis matrimoniaux du faite de leur commerce sexuel nocturnes à l'excès. Ah ! femme des côtes de l'homme, comblée du mystère du divin créateur et de toute chose, n'endurcissez vos cœurs, cet encre vous en interpelle, ne savez-vous pas qu'en principe, l'avenir dépend de ce que vous projetez être ! .Ensuite, reconnaissons que la séduction conditionne ces acteurs a perdurer implicitement dans l'immoralité, surtout ceux de la gente féminine dans la mesure où bon nombre s'expose aux avortements, lesquels actes détériorent des cellules reproductrices et par la suite rendent stérile. De plus ,la séduction conditionne l'esprit de ces acteurs à la mode, c'est-à-dire vivre non seulement avec exagération l'actualité ou la tendance en cours sans réserve, en tentant toutes attitudes flatteuses pour se faire connaître ou sembler être le plus vu , apprécié , courtisé sans gains considérables , en un mot être un modèle juste pour le plaisir , le « fun » et surtout pour épater ses semblables. Enfin, au de-là de ces risques précités, soulignons que la désobéissance au créateur de l'univers est de près l'un des périls de la séduction plus indéniables que la séduction détient. Il s'agit à vrai dire d'une séduction contraire aux alliances célestes ou au champ de prédilection d'union prévue par le divin. A l'inverse, parque la séduction n'as pas lieu d'être ; mais elle se doit de prendre la conformité des préceptes divines, le savez-vous pourquoi ? Tout simplement, parce que la désobéissance au créateur, au profit de la séduction engendre le trépas spirituel, intellectuel, morale, et par la même engendre l'absence d'ambition fructueuse et considérable .Il importe tout de même d'acquiescer que les périls du sexe faible sont relativement homogènes d'avec ceux du sexe fort. D'où le genre masculin se doit de savoir que la spécificité faite est l'enjeu de l'écriture, lequel n'exonère aucunement les hommes en ce sens que la séduction est un tournent que la jeunesse masculine subit également. Ainsi, après cette traduction bien que théorique de la séduction mais n'ayant rien de contraire d'avec la réalité, il convient tout de même d'examiner, d'apprécier au fond ces préceptes généralement oraux que voici matérialisés, afin de ne pas astreindre les efforts de la plume à une passion ou du moins à un passe-temps de distraction. Car une fois, adhéré à la séduction, il presque rude de passer outre desdits périls. De ce fait que la jeunesse y compris la vieillesse prêtent une oreille d'ici et d'ailleurs a ces préceptes dénommés les remèdes de la séduction (chapitre 4).

CHAPITRE 4 : LES REMEDES DE LA SEDUCTION

Les remèdes ou encore les moyens pour s'en soustraire de la séduction ne sont pas issues de nulle part, c'est-à-dire qu'ils ont des sources ou du moins existés ; et donc, ils ne sont pas le fruit de l'imagination fantaisiste. D'où, l'on envisagera de les introduire dans leur ensemble.

GENERALITE AUX REMEDES DE LA SEDUCTION

Depuis les premiers hommes sur la terre ces remèdes ont existés, seulement leur accessibilité, obéissance, et pratique furent reléguées au dernier rang et pourtant leur pratique constante demeure prodigieuse, bien qu'elle nécessite des abstractions morales et coriaces. De ce fait, que chacun s'examine, car la séduction a laquelle l'on aspire n'est rien d'autre qu'un foutoir d'immoralité jalonnée de cœurs bisés, qu'est-ce dire; puisqu'il en est question d'un aveuglement spirituel conduisant a une impiété insatiable. Pour s'en convaincre examinons souventes fois les livres saints. car ceux-ci soutiennent que vivre la séduction c'est haïr la connaissance du Divin .Cependant ,la préoccupation de l'écriture qui reste posée c'est que l'esprit de dieu qui habitait originellement parmi les fils de l'homme et qui faisait des êtres humains le reflet de Dieu fit reprit, est- ce à dire que la majeure partie de l'humanité existante réagit selon la chair ;Pensez- vous que ces théories ou préceptes peuvent nous extraire de la séduction afin de rejoindre les parvis du créateur? Eh oui, l'écriture réplique par l'affirmative. Mieux une autre question demeure ces solutions envisager sans expert ou statistiques ne seront-elles pas vaines ? Loin de là, car a défaut du Tam-Tam du roi une suave mélodie peut venir de l'esclave du roi. Entre-temps, tout en revenant à la séduction notons que ces préceptes dénommés remèdes à exposer relèvent d'une part de la religion(I) et d'autre part de la morale(II).

I-LES REMEDES RELEVANT DE LA RELIGIONS

Plusieurs remèdes ou solutions ont été prévues par la religion pour éviter ou du moins s'en extraire, étant donné que la liste n'est pas exhaustive, l'écriture envisage faire un discours d'un père au fils. Et donc, bien aimées, écoutez ces préceptes de la plume aujourd'hui et demain vous sera favorable ou du moins bénéfique. Bien aimées voyez le zèle que la plume se veut mettre a nu pour vous instruire au titre de la puissance paternelle, voire assurer la tutelle parentale, trouvez des expressions j'en passe…A vous la jeunesse féminine sans toutefois oublier celle masculine y compris les adultes ; sachez qu'il est pratiquement avéré rude de produire des citoyens de qualité si la jeunesse n'envisage pas de se passer de la séduction et surtout de ces compléments. Etendons ici par complément de la séduction l'alcool, la cigarette et surtout la drogue (la morphine, l'héroïne, la marijuana, la cocaïne et l'opium etc. …). Déjà nombreux sont ceux qui chuchotent au motif qu'ils ne peuvent prendre cette décision, heureusement l'écriture ne vous condamne pas mais vous invite a un autre tournent de votre vie, et bien évidement il s'agit d'abandonner les choses anciennes mêmes précieuses et de là vous ferez que toute chose deviendront nouvelles, que celui qui des oreilles ouïr j'en passe… A vrai dire , la séduction sans respect des préceptes religieux est un boxon de péché. Pour s'en convaincre laissons nous tenter d'examiner la sainte bible, je le répète, consultez là, car elle détient des paroles de la vie, des conseils incontestables et éternelles ; pour faire simple ,ce livre détient la science de tout mystère bref…Bien aimée retenons que certes, Dieu a crée l'homme avec le désir sexuel pour la propagation de la race humaine et l'épanouissement du lien matrimonial entre un homme et une femme a l'intérieur du mariage , comme le confirme la sainte bible , mieux elle nous interpelle dans le livre (d'HEBREUX 12 :4) en ces termes « Que le mariage soit honoré de tous et le lit conjugal exempt de toute souillure ». Qu'est – ce a dire alors ?si ce n'est que de remise en cause ou cogitation. En clair , retenons que pour être réellement heureux dans la vie avec soi-même et avec DIEU , il importe de fuir loin de la séduction tout en mettant en pratique les commandements de la parole de DIEU , la chose exceptionnelle, c'est qu'il ya une récompense qui attend ceux qui parviendront à s'attacher au créateur au détriment de la séduction.........Quid alors des remèdes moraux ? Eh non, il y en aura pas, car la religion a tout épuisé et même si l'on convient dans bien de cas que religion et morale sont dissociables, il importe peu en l'espèce, car l'essentiel ici est de s'attacher au créateur pour avoir la paix et échapper au règne de la séduction.

CHAPITRE 5- COMPILATION DE CITATION SUR LA SEDUCTION

Ce chapitre vise à permettre au lecteur d'analyser la séduction sur d'autres aspects à travers chaque maxime, toutefois lisez et relisez ces adages ; car ils sont porteurs de messages pluriels.

La séduction masculine est une séduction de conquête.

La séduction féminine se résume en une séduction de sélection, car c'est elle qui choisit son exterminateur.

Séduire, c'est décider et accepter de fait naitre des sentiments sans condition.

Séduire, c'est se rendre tantôt content tantôt triste.

Séduire, c'est avoir un cœur de bon divin.

Séduire, c'est une chasse sans fin.

Séduire, c'est appartenir à un royaume de deux personnes qui désirent être un.

Séduire, c'est exclure au quotidien toute rancune.

Séduire, c’est du feu brulant à épauler avec patience.

La séduction est un est un chemin qui s'emprunte à la maturité.

La séduction est l'un des pièges et ainsi un trou qui retarde la jeunesse.

La séduction est un charme robuste qui use de son art pour faire chavirer les jeunes dans un océan de regrets.

Séduire c'est choisir l'enfer et l'envie.

Séduire est un art à exercer de façon opportune.

Printed by Books on Demand GmbH, Norderstedt / Germany